SERPIENTES, REPTILES E INSECTOS

LIBSA

CONTENIDO

ARÁCNIDOS

EN LA TIERRA y

En la Tierra existen millones de especies de animales. Muchas de ellas son pequeñas o medianas y viven ocultas entre los árboles, las rocas o la hojarasca del suelo. Están por todas partes, desde las montañas a las playas, en las frondosas selvas, las aguas de los ríos o incluso en los desiertos. Si prestas mucha atención seguro que encuentras a alguno de ellos. En este libro vamos a hablarte de varios grupos de animales. Descubrirás un amplio catálogo de ¡muchísimas especies diferentes!

¿TE ATREVES A RECONOCERLOS A TODOS?

Ponte a prueba leyendo y contestando a las preguntas que encontrarás en cada tema y descubre la solución al final del libro.

• Lee atentamente, despliega toda tu agudeza e interpreta lo que dice el texto antes de responder.

• Siempre encontrarás una pista que te ayudará a descubrir el animal secreto.

LAS SERPIENTES

Son un grupo de reptiles que tienen el cuerpo muy largo y carecen de patas. En el mundo existen más de **3 000 especies** de serpientes.

• Su visión y oído no son muy buenos, así que para encontrar a sus presas usan el olfato y una lengua bífida.

• ¡Algunas especies pueden incluso detectar el calor de los mamíferos! Existen serpientes, como las víboras, que son venenosas pero otras utilizan su cuerpo para atrapar y asfixiar a otros animales.

LOS REPTILES Y ANFIBIOS

Los reptiles son animales de sangre fría, por eso, durante las primeras horas del día se tumban al sol para calentarse y así poder moverse ágilmente. Hay más de **10 000 especies** repartidas por todos los rincones, ¡siempre que no sean fríos!

• Increíbles **cocodrilos** que son pacientes depredadores.

• Iguanas, que por el contrario son herbívoras.

EN EL AIRE

Los anfibios son otro grupo de vertebrados que incluye ranas, sapos, salamandras y tritones. En la Tierra hay más de **7000 especies** de anfibios. Se caracterizan por:

- Tener la **piel húmeda**, por lo que tienen que vivir cerca de ríos o lagos.

- Ser **animales carnívoros**, que se alimentan sobre todo de pequeños insectos. Cuando son crías, viven en agua dulce y tienen el aspecto de renacuajos.

LOS INSECTOS

De todos los animales del mundo, los insectos son los más abundantes. Existen más de **un millón de especies** descubiertas y ¡cada año encuentran muchas más! Pertenecen al grupo de los **artrópodos**, que son un tipo de invertebrados:

- Tienen exoesqueleto y **6 patas**.

- Algunas especies también cuentan con **alas,** que les permiten **volar grandes distancias**, escapar de sus depredadores o cazar.

LOS ARÁCNIDOS

Repartidos por selvas, desiertos, bosques o incluso en el agua hay más de **100 000 especies**. Dentro de este grupo se incluyen las arañas y los escorpiones, entre otros tipos.

- Caminan con **8 patas**.

- Son depredadores con increíbles formas de cazar. ¡Las arañas **usan seda** para crear trampas! También cuentan con **potentes venenos** para paralizar y matar a sus presas.

LAS MÁS

COBRA EGIPCIA
Naja haje
🌍 Norte de África

Es una gran serpiente que puede medir más de 2 m de longitud. ¡Es el símbolo de los faraones!

Las serpientes son reptiles que están perfectament adaptados para cazar. Gracias a su lengua pueden seguir el rastro de sus presas, incluso algunas especies detectan su calor con unos órganos especiales que están al lado de su boca. ¡Hasta tienen potentes venenos!

¿CUÁL EMITE UN SONIDO CON SU COLA?

VÍBORA COMÚN
Vipera berus
🌍 Europa y Oriente Próximo

Es un reptil tímido que huye entre la maleza siempre que puede. Esta víbora solo muerde cuando está acorralada o asustada.

VÍBORA CORNUDA
Vipera ammodytes
🌍 Europa y Oriente Medio

Su nombre se debe a una especie de cuerno que tiene en su hocico. ¡Qué curioso!

COBRA REAL
Ophiophagus hannah
🌍 India y sudeste de Asia

Es la serpiente venenosa más grande del mundo. ¡Puede crecer hasta los 4 m de largo! Le encanta comer otras serpientes.

VENENOSAS
¡CUIDADO!

SERPIENTE TERCIOPELO
Bothrops asper

 América Central y norte de Sudamérica

Sale a cazar por la noche. Durante el día, se oculta entre la hojarasca o las raíces de los árboles.

TAIPÁN DEL INTERIOR
Oxyuranus Microlepidotus

 Australia

¡Es la serpiente más venenosa del mundo! Pero es un animal tímido que prefiere escapar antes que atacar.

SERPIENTE DE CASCABEL
Crotalus durissus

 De México a Sudamérica

Puede alcanzar hasta 2,5 m de largo, ¡y 4 kg de peso! Como advertencia agita el extremo de su cola, que suena como un cascabel.

VÍBORA DEL TEMPLO
Tropidolaemus wagleri

 Sudeste de Asia

Es una especie arbórea y nocturna. Para cazar, se queda quieta en una rama y espera hasta que pasa una presa.

MAMBA VERDE
Dendroaspis angusticeps

 Este de África

Vive en los árboles, donde se camufla gracias a su color verde. ¡Disfruta comiendo aves y huevos!

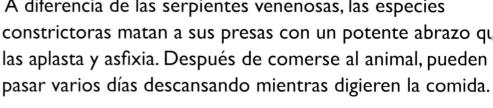

CONSTRIC

¡LAS MÁS

A diferencia de las serpientes venenosas, las especies constrictoras matan a sus presas con un potente abrazo qu las aplasta y asfixia. Después de comerse al animal, pueden pasar varios días descansando mientras digieren la comida.

BOA CONSTRICTORA

Boa constrictor

🌍 **América central y Sudamérica**

Las hembras son más grandes que los machos. ¡Pueden crecer hasta los 4 m de longitud! Es un animal nocturno.

ANACONDA COMÚN

Eunectes murinus

🌍 **Zonas tropicales de Sudamérica**

¡Es una serpiente enorme! Las hembras pueden medir 8 m y pesar 200 kg. Prefiere buscar su comida en el agua.

BOA ESMERALDA

Corallus caninus

🌍 **Norte de Sudamérica**

Gracias a su color verde puede camuflarse en los árboles donde caza pequeños animales.

BOA DE LA ARENA

Eryx colubrinus

🌍 **Norte de África**

Vive en zonas calurosas, por lo que se refugia entre las piedras o en las madrigueras construidas por otros animales.

PITÓN DE RAMSAY

Aspidites ramsayi

🌍 **India**

Es un reptil nocturno que rastrea a sus presas hasta sus madrigueras. Allí puede atraparlas si no tienen una segunda salida para huir.

TORAS LARGAS!

PITÓN ARBORÍCOLA VERDE
Morelia viridis

🌍 Papúa Nueva Guinea y norte de Australia

Es un reptil arborícola que tiene una gran habilidad para mantenerse en las ramas. Para descansar, se enrolla tranquila en una.

PITÓN DE LA INDIA
Python molurus bivittatus

🌍 India

Si su última comida fue abundante, puede ayunar durante semanas.

¿CUÁL SORPRENDE A SUS PRESAS DESDE EL AGUA?

PITÓN REAL
Python regius

🌍 África tropical

Cuando se siente amenazada, se enrolla sobre sí misma creando una bola con la cabeza dentro para protegerse.

PITÓN ARBORÍCOLA DE MADAGASCAR
Sanzinia madagascariensis

🌍 Madagascar

Puede cazar por la noche en los árboles gracias a sus órganos especiales que ¡detectan el calor de las presas!

PITÓN RETICULADA
Malayopython reticulatus

🌍 Sureste de Asia

Es una gran serpiente que llega a crecer más de 7 m y pesar 150 kg. Es un paciente depredador que tiende emboscadas a sus presas.

COLORES

¡OHHH!

Al igual que otras especies de animales, las serpientes usan colores llamativos para avisar a los depredadores de que son venenosas. ¡Pero hay algunas que mienten y no lo son tanto!

VÍBORA DE FOSETA

Bothrops taeniatus

🌎 Sudamérica

Es una especie arborícola. Tiene unos órganos especiales en su cabeza llamados fosetas. ¡Los usa para detectar el calor de sus presas!

SERPIENTE MARINA

Hydrophiinae sp.

🌎 Costas del sur y sudeste de Asia

¡Es una serpiente que vive y caza en el mar! Tiene un veneno muy tóxico.

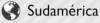

¿A CUÁL LE GUSTA ATRAPAR CALAMARES?

FALSA CORAL

Anilius scytale

🌎 Sudamérica

No es una especie venenosa. Se alimenta de anfibios y pequeños reptiles. Es una serpiente de mediano tamaño que no mide más de 70 cm de longitud.

SERPIENTE MAÍZ

Pantherophis guttatus

🌎 Sur y centro de Estados Unidos

Le encanta vivir en campos cultivados de maíz. No es venenosa, sino que mata a las presas por constricción.

LAMATIVOS

CRÓTALO CORNUDO DE SCHLEGEL

Bothriechis schlegelii

🌍 **América central y Sudamérica**

Es una especie arborícola y venenosa. Puede ser de color amarillo, marrón, rojo, verde, ¡incluso rosa!...

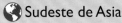

SERPIENTE AZUL

Trimeresurus insularis

🌍 **Indonesia y Timor Oriental**

Es una pequeña serpiente que prefiere vivir en los árboles. Puede ser de color verde o azul.

CRÓTALO DE BAMBÚ ROJA

Oreocryptophis porphyraceus

🌍 **Sudeste de Asia**

Le gusta cazar por la noche, desde el atardecer hasta el amanecer. Se alimenta de pequeños animales como ratones y ranas.

SERPIENTE PLANEADORA

Chrysopelea paradisi

🌍 **Sudeste de Asia**

Vive en los altos árboles de la selva. Si tiene que huir o pasar de un árbol a otro ¡puede saltar y planear hasta 100 m!

VÍBORA DE LOS ARBUSTOS

Atheris hispida

🌍 **Centro de África**

Es una especie venenosa muy característica por sus escamas erizadas. Le gusta descansar al sol sobre las plantas.

UNA BOCA EN
¡ÑAM!

Los cocodrilos son unos excelentes depredadores acuáticos. Tienen hocicos largos y aplanados, con una gran boca que usan para atrapar a sus presas. Sus largas colas también les ayudan a lanzar rápidos ataques.

COCODRILO ENANO
Osteolaemus tetraspis
🌍 Oeste de África

Es un reptil tímido, por eso solo sale a cazar por la noche. ¡Es el cocodrilo más pequeño del mundo! No mide más de 1,5 m de longitud.

COCODRILO SIAMÉS
Crocodylus siamensis
🌍 Sur de Asia y Malasia

Es un cocodrilo que puede medir 3 m de longitud. Le gusta comer peces y ¡serpientes!

FALSO GAVIAL
Tomistoma schlegelii
🌍 Sudeste asiático

Gracias a su delgado hocico, puede cazar su comida favorita: los peces. Pero también puede alimentarse de monos, aves, otros reptiles e ¡incluso de ciervos!

COCODRILO AFRICANO
Crocodylus cataphractus
🌍 África Central

Le gusta vivir en pequeños grupos o en solitario en zonas de agua con mucha vegetación. Gracias a su delgado hocico caza a sus presas entre las plantas.

O O O O R M E

¿QUIÉN ES EL MÁS ÁGIL FUERA DEL AGUA?

ALIGÁTOR AMERICANO
Alligator mississippiensis

🌐 Sur de Estados Unidos

Al igual que otros cocodrilos, descansa al sol en la orilla de los ríos o lagos. Pero cuando no hay espacio para tumbarse puede ¡subirse a un árbol! y desde allí vigilar el terreno.

COCODRILO MARINO
Crocodylus porosus

🌐 Nueva Guinea, Australia, Vietnam, Indonesia, Sri Lanka, Borneo, Filipinas e islas Salomón

Es el cocodrilo y el reptil más grande del mundo. ¡Mide 7 m de longitud y llega a pesar 1500 kg! Aunque vive en pantanos, puede ir a cazar al mar o nadar hasta islas lejanas.

COCODRILO DEL NILO
Crocodylus niloticus

🌐 África subsahariana y Madagascar

¡Es un cocodrilo enorme! Puede medir 6 m de longitud y pesar 700 kg. Cuando caza, acecha a sus presas en la orilla de los ríos.

CAIMÁN DE ANTEOJOS
Caiman crocodylus

🌐 América Central, noroeste de Sudamérica

Puede reconocerse por la cresta entre sus ojos, que parece unos anteojos. Suele cazar por la noche, cuando acecha a peces, anfibios, cangrejos y pequeños mamíferos.

Los lagartos son un tipo de reptiles que habitan desde las selvas hasta los desiertos. Algunos son venenosos, unas especies son enormes y otras muy pequeñas. ¡Descúbrelos!

IGUANA DEL CARIBE

Iguana delicatissima

🌐 **Islas Antillas Menores**

Es un reptil herbívoro que come gran cantidad de hojas, flores y frutos. La especie se encuentra en peligro de extinción.

IGUANA VERDE

Iguana iguana

🌐 **México, sur de América Central y norte de Sudamérica**

Puede llegar a medir hasta 2 m de largo. Si algún depredador le acecha, ¡usará su larga cola como látigo!

MONSTRUO DE GILA

Heloderma suspectum

🌐 **Norte de México y suroeste de Estados Unidos**

Se alimenta de una gran variedad de pequeños animales, desde conejos a serpientes. Cuando atrapa a sus presas ¡les inyecta veneno! Usa su cola para guardar grasa.

IGUANA RINOCERONTE

Cyclura cornuta

🌐 **República Dominicana y Haití**

Puede medir más de 1 m de longitud. Es fácilmente reconocible por las protuberancias sobre su cabeza, que recuerdan a cuernos.

CHUCKWALLA

Sauromalus sp.

🌐 **Norte de México y suroeste de Estados Unidos**

Vive en zonas desérticas o rocosa donde se alimenta de hojas y fruta ¡Le encantan las flores amarillas!

LAGARTO COLORADO
Tupinambis rufescens

🌍 Argentina, Bolivia y Paraguay

Usa su larga lengua bífida para localizar presas como roedores y pájaros. ¡Pero también le gustan la fruta y las verduras!

LAGARTO MOTEADO MEXICANO
Heloderma horridum

🌍 México, Guatemala y suroeste de Estados Unidos

De adulto puede medir hasta 90 cm de largo. Es un lagarto venenoso al que le encanta comer huevos de aves y reptiles.

¿CUÁL PUEDE CAMINAR BOCABAJO?

... Y PEQUEÑOS

ANOLIS VERDE
Anolis carolinensis

🌍 Sureste de América del Norte

Los machos tienen un abanico rojo en su garganta que usan para avisar a otros machos.

GECKO
Gekko gecko

🌍 Asia

Es un reptil que se alimenta de insectos y otros pequeños animales. Gracias a sus patas, ¡puede subir la pared de una casa!

RABILA

Algunas lagartijas y geckos pueden desprenderse de sus colas para despistar al depredador que intenta capturarlos. Al poco tiempo, ¡le volverá a crecer otra cola! Sin embargo, otras especies, como los varanos y los basiliscos, tienen largas colas que n[o] mudan.

LAGARTO DE COLA LARGA
Takydromus sexlineatus

🌐 Sudeste de Asia

¡Tiene una cola muy larga! Su cuerpo mide 10 cm, pero su cola alcanza tres veces más esa longitud.

LAGARTO VERDE
Lacerta viridis

 Europa

¡Su cola puede ser tan larga como su cuerpo! En total mide unos 40 cm de longitud.

LAGARTO OCELADO
Timon lepidus

🌐 Europa suroccidental y norte de África

Es un gran lagarto que puede medir ¡90 cm de largo! y pesar cerca de medio kilo

VARANO ESMERALDA
Varanus prasinus

🌐 Nueva Guinea

Es una especie arborícola. Usa su cola prensil y sus largas garras para no caerse de las ramas.

LAGARTIJA DE COLA AZUL
Eumeces fasciatus

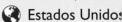 Estados Unidos

Es fácilmente reconocible por su larga y llamativa cola de color azul brillante. Es un repti[l] pequeño, cuyo cuerpo mide 5 cm pero su cola crece ¡más del doble que su cuerpo!

AAARGOS ¡INCREÍBLES!

BASILISCO VERDE
Basiliscus plumifrons

🌎 Centroamérica y norte de Sudamérica

Es la especie de basilisco más grande del mundo. ¡Puede medir 90 cm de longitud! Los machos tienen tres crestas: una en la cabeza, otra en la espalda y otra más en la cola.

LAGARTO DE HIERBA JAPONÉS
Takydromus tachydromoides

🌎 Japón

Es un animal muy delgado y de movimientos ágiles. Tiene una cola que puede ser cinco veces más larga que su cuerpo. ¡Por eso cuando corre parece una serpiente!

GECKO LEOPARDO
Eublepharis macularius

🌎 Afganistán, Pakistán e India

Vive en zonas desérticas y rocosas donde las temperaturas en invierno son muy bajas. Puede hibernar gracias a la reserva de grasa de su cola.

¿CUÁL ES EL MEJOR NADADOR?

VARANO ACUÁTICO
Varanus Salvator

🌎 Sudeste asiático

¡Puede medir hasta 2 m de longitud! Si es atacado por un depredador, se defiende usando su larga cola y sus afilados dientes.

C A M B I A N

Los camaleones son maestros del camuflaje. Pueden volverse verdes o marrones para esconderse entre las hojas y las ramas. Pero también usan colores llamativos para el cortejo o comunicarse entre ellos. ¡Descubre su gama de colores!

CAMALEÓN PANTERA

Furcifer pardalis

🌐 Madagascar

Los machos se visten con llamativos colores blancos, amarillos, rojos, verdes, turquesas o ¡incluso rosa! Las hembras suelen ser de color marrón. Con su lengua puede atrapar a su presa en menos de un segundo.

CAMALEÓN VELADO O DEL YEMEN

Chamaeleo calyptratus

🌐 Yemen y Arabia Saudí

Es un gran camaleón que llega a medir ¡60 cm de longitud! Tiene una característica cresta que le sirve para el cortejo de las hembras.

CAMALEÓN TIGRE

Archaius tigris

🌐 Islas Seychelles

Es una especie que se encuentra en peligro de extinción. Vive en tres islas, donde quedan menos de 2 000 ejemplares. Se puede reconocer por su barbilla en forma de pico.

CAMALEÓN DE PARSON
Calumma parsonii
 Madagascar

Es uno de los camaleones más grandes del mundo. Se alimenta de grandes insectos como cucarachas y ¡también de pequeñas aves!

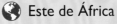 **¿CUÁL PREFIERE VIVIR EN EL SUELO DEL BOSQUE?**

CAMALEÓN DE JACKSON
Trioceros jacksonii
 Este de África

El macho tiene tres grandes cuernos. ¡Parece un triceratops! Mientras caza, usa el color verde para camuflarse. Pero también puede colorearse de azul y amarillo para comunicarse con otros de su especie.

CAMALEÓN HOJA PIGMEO
Rhampholeon temporalis
 Este de África

Tiene colores apagados para camuflarse entre las hojas secas. Es un reptil diminuto que no mide más de 10 cm. ¡Cabe en la palma de una mano!

PARECEN

Si los dragones existieran, seguro que serían parecidos a estos lagartos. No escupen fuego, pero algunos tienen fuertes espinas, saliva tóxica o incluso pueden caminar sobre el agua.

DIABLO ESPINOSO

Moloch horridus

🌐 Australia

Su cuerpo está cubierto de espinas duras y afiladas para defenderse de los depredadores. Vive en desiertos donde sobrevive gracias a su piel, que ¡puede absorber el agua del rocío!

BASILISCO COMÚN

Basiliscus basiliscus

🌐 América Central y Sudamérica

Es el basilisco de mayor tamaño. Gracias a sus grandes patas traseras ¡puede correr sobre el agua a 20 km/h!

¿CUÁL TIENE EL MORDISCO MÁS PELIGROSO?

BASILISCO MARRÓN

Basiliscus vittatus

🌐 México, América Central y Colombia

Es un gran reptil que llega a medir hasta 60 cm de longitud. Cuando huye de un depredador, ¡puede correr sobre el agua más de 20 m!

DRAGONES ¡FANTÁSTICOS!

DRAGÓN DE KOMODO

Varanus komodoensis

🌐 Indonesia

Es el lagarto más grande del mundo. ¡Crece hasta los 3 m de largo y 70 kg de peso! Gracias a su saliva tóxica puede cazar hasta búfalos.

LAGARTO DE CHORRERAS

Chlamydosaurus kingii

🌐 Australia

Es un reptil característico por su gran collar de color rojo y amarillo, que usa para aparentar ser peligroso cuando es amenazado por un depredador.

ZONURO GIGANTE

Smaug giganteus

🌐 Sur de África

Vive en madrigueras que excava él mismo. Por la mañana, se queda en la entrada para descansar al sol y luego salir a cazar insectos y otros pequeños animales.

LAGARTO ARMADILLO

Ouroborus cataphractus

🌐 Sur de África

Tiene la piel dura con espinas. Si se siente amenazado, agarra su cola con la boca para hacerse una bola y que no le puedan atacar: ¡es como un armadillo!

TORTUGAS
GLUB, GLUB

TORTUGA VERDE

Chelonia mydas

🌍 Océanos subtropicales y tropicales

De adulta, le encanta comer pastos marinos o algas. Pero cuando es pequeña se alimenta de pequeños crustáceos y ¡medusas!

Las tortugas son reptiles que tienen un duro caparazón para defenderse. Muchas son excelentes nadadoras y pasan gran parte del tiempo en el agua. Las tortugas marinas solo salen del agua para poner sus huevos en la playa.

TORTUGA CAREY

Eretmochelys imbricata

🌍 Océanos subtropicales y tropicales

Gracias a su boca en forma de pico puede alimentarse de su comida favorita: ¡las esponjas marinas!

TORTUGA BOBA

Caretta caretta

🌍 Océanos subtropicales y tropicales

Come un poco de todo. En sus aletas delanteras tiene unas pequeñas garras que usa para atrapar medusas.

ACUÁTICAS...

TORTUGA LORA

Lepidochelys kempii

🌐 Aguas subtropicales y tropicales del océano Atlántico

Sus crías son de color oscuro para camuflarse y viven entre las grandes extensiones de algas flotantes hasta que crecen.

TORTUGA LAÚD

Dermochelys coriacea

🌐 Océanos subtropicales y tropicales

Es la tortuga marina de mayor tamaño. ¡Puede medir 2 m de longitud y pesar 600 kg! Se la reconoce por las líneas de su caparazón.

TORTUGA GOLFINA

Lepidochelys olivacea

🌐 Océanos subtropicales y tropicales

Pone sus huevos en la playa. ¡Miles de hembras van a desovar al mismo sitio!

TORTUGA ACUÁTICA AMERICANA

Clemmys marmorata

🌐 Oeste de Estados Unidos

Es un reptil de pequeño tamaño, que no mide más de 20 cm de longitud. Le gusta descansar al sol sobre rocas o troncos cerca de los ríos.

¿CUÁL DE ELLAS VIVE EN AGUA DULCE?

Algunas especies de tortugas pueden vivir en tierra y van al agua para comer. Pero otras prefieren no mojarse y buscan hierba y fruta en el bosque para alimentarse. ¡Son animales que viven sin prisas!

TORTUGA MEDITERRÁNEA

Testudo hermanni

🌐 Sur de Europa

Durante el invierno, se refugia en su madriguera para hibernar. Mientras que dure el tiempo frío, ¡no comerá nada!

TORTUGA DE FANGO NEGRA

Pelusios subniger

🌐 Sureste de África

Vive tanto en tierra como en agua, donde se alimenta de peces. Cuando hace calor, se entierra en el lodo para refrescarse.

TORTUGA ESTRELLADA DE MADAGASCAR

Astrochelys radiata

🌐 Madagascar y Reunión

Es una gran tortuga que llega a medir hasta 40 cm de largo y pesar 20 kg. Le gusta estar en el bosque o entre el matorral. ¡Vive hasta los 100 años!

TORTUGA DE ESPOLONES AFRICANA

Geochelone sulfata

🌐 Mauritania, Senegal, Níger, Malí, Chad, Sudán, Etiopía y Eritrea

Es una de las tortugas más grandes del mundo. Crece hasta los 80 cm de largo y puede pesar ¡100 kg! Se esconde en madrigueras para huir del calor.

TORTUGA CAJA DE CAROLINA

Terrapene carolina

🌎 **Estados Unidos y México**

Es una especie terrestre que se alimenta de hierba e insectos. ¡También le encantan las lombrices! En verano, se encuentra cerca de lagos para remojarse.

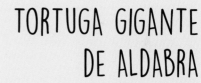

TORTUGA MAPA AMARILLA

Graptemys flavimaculata

🌎 **Sur de Estados Unidos**

Tiene una característica cresta sobre su caparazón. Se alimenta de insectos, cangrejos y peces que encuentra en el río.

TORTUGA RUSA

Testudo horsfieldii

🌎 **Rusia, norte y centro de Asia**

También la llaman tortuga excavadora, porque construye profundas madrigueras para pasar el invierno.

TORTUGA GIGANTE DE ALDABRA

Geochelone gigantea

🌎 **Seychelles**

Es una tortuga terrestre de 1 m de longitud. ¡Enooorme! Algunos ejemplares pueden vivir más de 200 años.

¿CUÁL DE ESTAS TORTUGAS ES LA MÁS GRANDE?

PATAS

Las ranas y los sapos pertenecen al grupo de los anfibios. Cuando son crías, tienen el aspecto de renacuajos que nadan en el agua. Pero de adultos, les crecen unas potentes patas para saltar.

SAPO MARINO
Rhinella marina

🌐 América Central y norte de Sudamérica

Es un gran sapo con un apetito voraz. Para defenderse de los depredadores ¡tiene glándulas venenosas en la piel!

SAPO TOMATE
Dyscophus antongilii

🌐 Madagascar

Cuando se siente en peligro, se hincha para parecer más grande y amenazador.

RANA AFRICANA DE UÑAS
Xenopus laevis

🌐 África

En cada una de sus patas traseras tiene tres pequeñas garras que usa para trepar o desgarrar la comida.

RANITA DE SAN ANTONIO
Hyla arborea

🌐 Europa

Es una especie nocturna a la que le gusta vivir en árboles cercanos al agua.

RANA CORNUDA MALAYA
Megophrys nasuta

🌐 Sudeste asiático e Indonesia

Gracias a su aspecto, puede esconderse entre las hojas secas para emboscar a sus presas. Se alimenta de pequeños animales, como arañas y ¡otras ranas!

POTENTES
CROAC, CROAC

RANA MONO ENCERADA
Phyllomedusa sauvagii

🌎 Bolivia, Brasil, Paraguay y Argentina

Es una rana arborícola que se mueve de forma lenta por las ramas. En su piel tiene sustancias tóxicas que usa para defenderse.

RANA VERDE DE OJOS ROJOS
Agalychnis callidryas

🌎 Sur de México y América Central

Tiene unos llamativos ojos rojos que utiliza como defensa. Cuando un depredador se le acerca, los abre mucho y, al ser de un color tan intenso, los asusta.

¿CUÁL ES LA MÁS PELIGROSA?

RANA FLECHA DORADA
Phyllobates terribilis

🌎 Colombia

Es una pequeña rana que no mide más de 55 mm de largo. Puede ser de color verde brillante, amarillo o naranja. ¡Es una de las ranas más venenosas del mundo!

RANA ARBORÍCOLA VERDE DE AUSTRALIA
Litoria caerulea

🌎 Nueva Guinea y Australia

Es una gran rana que puede crecer hasta los 10 cm de longitud. Gracias a su color, se oculta entre las plantas cercanas al agua, donde caza insectos.

¡QUÉ LLAMATIVOS!

Muchas especies de ranas y sapos tienen vestidos de color verde y marrón para ocultarse de sus depredadores. Pero también pueden usar colores brillantes y llamativos. ¡Es una advertencia de que pueden ser venenosas!

RANA AFRICANA LEOPARDO

Kassina maculata

🌍 Este y sur de África

Durante el día, se esconde bajo tierra o entre la hojarasca. Pero por la noche se sube a los árboles para cazar insectos.

RANA FLECHA VERDINEGRA

Dendrobates auratus

🌍 Centroamérica y noroeste de Colombia

Su vestido de rayas verdes y negras es una advertencia del veneno que tiene en su piel. Pasa gran parte del tiempo en los árboles.

RANA TORO AFRICANA

Pyxicephalus adspersus

🌍 África subsahariana y sur de África

Es una rana enorme. ¡Puede pesar 2 kg! Es un voraz carnívoro que se alimenta de insectos, roedores, reptiles, aves y otras ranas.

SAPO VERDE

Bufo viridis

🌍 Este de Europa

Su piel está cubierta de manchas de color verde intenso. Come una gran variedad de insectos e invertebrados. ¡Le encantan los grillos!

SAPITO DARDO TRILISTADO

Ameerega trivittata

🌎 Venezuela, Guyanas, Surinam, Colombia, Perú, Bolivia y Brasil

Vive entre la hojarasca de la selva, donde se alimenta de hormigas. Sus rayas verdes, negras y amarillas sirven de advertencia de que es venenosa.

SAPILLO DE VIENTRE DE FUEGO ORIENTAL

Bombina orientalis

🌎 Corea, noreste de China y este de Rusia

Cuando un depredador le molesta, se tumba boca arriba para mostrar su vientre de color rojo intenso. ¡Es una advertencia de que es una especie tóxica!

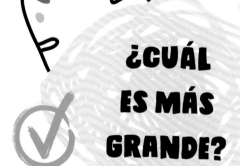

RANA BERMEJA

Rana temporaria

🌎 Europa y noroeste de Asia

¡Tiene un vestido de camuflaje! Gracias a los colores marrones y verdes oscuros puede ocultarse en el suelo del bosque.

¿CUÁL ES MÁS GRANDE?

RANA CORNUDA DE SURINAM

Ceratophrys cornuta

🌎 Ecuador, Colombia, Guyanas, Perú, Venezuela, Bolivia y Brasil

Es un gran anfibio que crece hasta los 20 cm de longitud. Tiene una gran boca con la que puede cazar presas, ¡como otras ranas, lagartijas y ratones!

ANFIBIO

Las salamandras y los tritones son un tipo de anfibios que se diferencian por su cuerpo alargado parecido al de un lagarto. Cuando son crías, también tienen el aspecto de renacuajos, con grandes cabezas, cola para nadar y branquias.

GALLIPATO

Pleurodeles waltl

🌍 Portugal, España y Marruecos

Si un depredador le ataca, ¡puede pincharlo con sus afiladas costillas! También tiene veneno en la piel, que inyecta con los huesos.

TRITÓN DE CALIFORNIA

Taricha torosa

🌍 Estados Unidos (California)

Tiene un color que recuerda al fuego. Es una advertencia de que en su piel hay una potente toxina. Por eso solo es atacado por algunos tipos de serpientes. El resto de los animales lo evitan.

SALAMANDRA MOTEADA

Ambystoma maculatum

🌍 Este de Estados Unidos y Canadá

Al igual que otras salamandras, si pierde una pata o la cola por un depredador, ¡le volverá a crecer sin ningún problema!

¿CUÁL SE PARECE MÁS A SUS CRÍAS?

TRITÓN VIENTRE DE FUEGO

Cynops pyrrhogaster

🌍 Japón

Es de color negro o pardo en la parte superior de su cuerpo, para camuflarse entre las rocas. Pero su vientre es de color rojo intenso porque tiene un potente veneno en la piel.

CON COLA
¡ESPECIALES!

BOLITOGLOSA
Bolitoglossa peruviana
🌎 Ecuador y Perú

Es un tipo de salamandra que ¡no tiene pulmones! Para respirar, utiliza su piel. Usa su lengua para atrapar presas.

AJOLOTE
Ambystoma mexicanum
🌎 México

Es como un renacuajo gigante, una especie muy característica porque tiene branquias que usa para respirar bajo el agua.

SALAMANDRA TIGRE
Ambystoma tigrinum
🌎 Canadá, Estados Unidos y México

Pasa la mayor parte del tiempo en tierra, en lugares húmedos y con mucha vegetación. Solo vuelve al agua para poner sus huevos.

SALAMANDRA COMÚN
Salamandra salamandra
🌎 Centro y sur de Europa

Durante el día, vive escondida entre la hojarasca, las ramas o las piedras. Cuando se hace de noche, sale a cazar insectos, arañas, lombrices y babosas.

SALAMANDRA ROJA
Pseudotriton ruber
🌎 Estados Unidos

Tiene una llamativa piel roja con lunares negros. Vive cerca de arroyos, donde se alimenta de insectos, pequeños animales e incluso ¡otros anfibios!

MARIPOSAS
¡DE BELLOS COLORES!

Las mariposas son insectos que pertenecen al grupo de los lepidópteros. Gracias a sus grandes alas, pueden volar largas distancias para buscar flores y alimento. Pero cuando son pequeñas, tienen la forma de un gusano que se convertirá en mariposa al hacer la metamorfosis dentro del capullo.

MORPHO AZUL

Morpho cisseis

🌐 Ecuador, Bolivia, Brasil, Colombia y Perú

Al igual que otras mariposas morpho, el interior de sus alas es de color azul brillante. Le sirve como advertencia porque ¡son tóxicas para sus depredadores!

GLORIA DE BUTÁN

Bhutanitis lidderdalii

🌐 Bután, noreste de India y sureste de Asia

El color oscuro de sus alas le ayuda a ocultarse entre la sombra de las ramas de los árboles.

TORNASOLADA

Apatura iris

🌐 Europa y Asia

Pasa la mayor parte del tiempo entre las copas de los árboles. Solo baja al suelo para beber o poner sus huevos.

CASTAÑA COMÚN

Junonia coenia

🌐 América Central y Norteamérica

Usa los círculos de sus alas para confundir a sus depredadores, ganar tiempo y ¡huir lo más lejos posible!

PAVO REAL CON BANDAS

Papilio Crino

🌐 India, Nepal, Bután y Sri Lanka

Es una mariposa de vuelo rápido a la que le gusta vivir en solitario. Según el ángulo desde donde se miren sus alas, pueden ser ¡azules o verde brillante!

DE DÍA

MORPHO AZUL ANDINA

Morpho peleides

🌎 México, América Central y norte de Sudamérica

Es una gran mariposa que crece hasta 20 cm, de una punta a otra de sus alas. ¡Le gusta el jugo de la fruta podrida!

MARIPOSA PAVO REAL

Inachis io

🌎 Europa y Asia

Tiene cuatro grandes manchas con forma de ojos en sus alas, que le sirve para intimidar a las aves que intentan comérsela.

EMPERADOR PÚRPURA

Apatura ilia

🌎 Europa

La parte superior de sus alas puede verse azul o marrón dependiendo del ángulo desde donde se mire. Al igual que otras mariposas, le gusta chupar la orina y los excrementos de otros animales.

MARIPOSA MONARCA

Danaus plexippus

🌎 Norteamérica, México y norte de Sudamérica

Llega a crecer hasta 10 cm de una punta a otra de las alas. Es una gran viajera, reconocible por sus colores negros y naranjas.

¿CUÁL REALIZA UNA INCREÍBLE MIGRACIÓN?

MARIPOSA APOLO

Parnassius apolo

🌎 Europa y Asia

Sus larvas son de color negro para camuflarse en el suelo. Si un depredador la ataca, ¡suelta un olor fétido para espantarlo!

MARIPOSA

¡VUELAN EN LA

Algunas especies de mariposas prefieren volar por la noche. Usan la luz de la luna y los olores como guía. A diferencia de las polillas de verdad, estos insectos no se alimentan ni de ropa ni de muebles.

POLILLA REAL
Citheronia regalis

 Norteamérica

Es una gran polilla que puede medir hasta ¡15 cm de envergadura! desde la punta de un ala a la otra. Cuando son grandes, las larvas se vuelven de color turquesa.

ESFINGE MORADA O DE LA VID
Deilephila elpenor

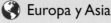 Europa y Asia

La oruga puede agrandar su cabeza, donde tiene dos grandes manchas. ¡Parece la cabeza de una serpiente!

GRAN PAVÓN
Saturnia pyri

🌎 Europa

Es la mariposa más grande de Europa. Puede medir hasta ¡16 cm de envergadura!

POLILLA DE CECROPIA
Hyalophora cecropia

 Norteamérica

¡Mide 16 cm de envergadura! Solo vive un par de semanas, por eso no tiene ni boca ni aparato digestivo.

ESFINGE COLIBRÍ
Macroglossum stellatarum

 Europa, norte de África y Asia

Su nombre se debe a que cuando vuela y se alimenta de flores parece un colibrí.

ESFINGE DEL DIENTE DE LEÓN
Amata phegea

 Sur de Europa

Tiene unas llamativas alas negras y azuladas con lunares blancos. Las orugas están recubiertas de abundante pelo negro y gris que les ayuda a defenderse de los depredadores.

MARIPOSA ATLAS

Attacus atlas

🌍 Asia

¡Es una mariposa enorme! Crece hasta los 30 cm de envergadura. No vive más de dos semanas ya que no tiene boca para alimentarse.

MARIPOSA LUNA

Actias luna

🌍 Norteamérica

Sus larvas pueden regurgitar la comida para que a un depredador no le apetezca comérsela.

¿A CUÁL LE GUSTA COLARSE EN LAS COLMENAS?

MARIPOSA ALAS DE PÁJARO

Thysania agrippina

🌍 Centroamérica

Es uno de los insectos más grandes del mundo. ¡Sus alas miden 30 cm de punta a punta! Gracias a sus colores se oculta entre los árboles.

EMPERADOR TAU

Aglia tau

🌍 Europa y parte de Asia

Sus larvas son de colores verdes para camuflarse entre las hojas de los árboles de los que se alimenta.

ESFINGE CALAVERA

Acherontia atropos

🌍 África, Europa y parte de Asia

¡Parece que tiene una calavera pintada! Gracias a una larga trompa puede alimentarse de néctar y miel.

35

¡BZZZ!

ABEJA DE CUERNOS LARGOS
Eucera longicornis

🌍 Europa y Asia

Es una abeja solitaria. La hembra hace una madriguera en la tierra y construye un nido con una pasta de polen y miel donde pondrá un huevo. ¡Así su cría tendrá comida cuando nazca!

Abejas, abejorros y avispas son insectos del grupo de los himenópteros. Algunos de ellos forman colonias con cientos de ejemplares, pero otras especies prefieren vivir solas. Si un depredador las ataca, ¡usan su aguijón venenoso para defenderse!

ABEJORRO COMÚN
Bombus pascuorum

🌍 Europa y Asia

Es un insecto social que construye su nido en el suelo. Se alimenta de polen y néctar de muchos tipos de flores.

AVISPA TALADRADORA DE LOS PINOS
Urocerus gigas

🌍 Europa, Asia y norte de África

Tiene un gran aguijón que usa para poner sus huevos en el interior de los árboles. Las larvas crecen dentro del tronco y se alimentan de madera. Es una especie solitaria.

AVISPA COLORADA
Polistes dorsalis

🌍 Norteamérica

Como muchas avispas, construye su nido con una mezcla de madera, hierba seca y saliva que recuerda a un papel marrón o gris.

AVISPA DE CHAQUETA AMARILLA
Vespula squamosa

🌍 Norteamérica y América Central

Es una especie social que se alimenta de insectos y de ¡carne de carroña!

ABEJA MELÍFERA NEGRA ENANA
Apis andreniformis

🌍 Asia

Como otras especies de abejas, es capaz de indicar con un baile a sus compañeras dónde está la comida.

AVISPA COMÚN

Vespula vulgaris

🌍 Europa y Asia

En primavera, la reina viaja sola para buscar un sitio, como el hueco de un árbol, donde crear su colonia.

ABEJA DE LAS ORQUÍDEAS

Euglossa obrima

🌍 Centroamérica

Vive en selvas tropicales donde abunda su comida favorita: ¡el néctar de las orquídeas! Es una especie que forma pequeñas colonias.

¿CUÁL VISITA UN SOLO TIPO DE FLOR?

ABEJA CARPINTERA

Xylocopa violacea

🌍 Europa

Hace sus nidos en la madera, que perfora con sus potentes mandíbulas.

GRAN ABEJORRO DE JARDÍN

Bombus ruderatus

🌍 Europa

Es un gran abejorro que puede medir más de 1,5 cm. Tiene una larga lengua para comer el néctar de las flores.

ABEJA MELÍFERA GIGANTE

Apis dorsata

🌍 Asia, Indonesia y Australia

Le gusta construir sus nidos en árboles que miden más de 20 m de altura. ¡Así nadie les puede robar la miel!

ABEJA DE WALLACE

Megachile pluto

🌍 Indonesia

¡Es la mayor abeja del mundo! Tiene grandes mandíbulas para recoger resina de árbol, que usa en la construcción de su nido.

ABEJORRO DE COLA ROJA

Bombus lapidarius

🌍 Centro de Europa

Es reconocible por su cuerpo de color negro y el final del abdomen, que es de color rojo o amarillo.

DE ENORMES

¡LAS LIBÉLULAS!

Para distinguir una libélula de un caballito debemos mirar cómo ponen sus alas cuando se posan. Si las mantienen abiertas, se trata de una libélula. Pero si las pliegan, será un caballito. Ambos tipos tienen larvas carnívoras.

LIBÉLULA ESMERALDA PELUDA

Cordulia aenea

🌍 Europa, Asia y norte de África

¡Tiene los ojos de color verde brillante! El resto de su cuerpo es también verde, con un tono metálico o bronce. Puede reconocerse por los pequeños pelos que cubren su tórax.

¿CUÁL ES CAZADORA DE MARIPOSAS?

LIBÉLULA DE ALAS AMARILLAS

Sympetrum flaveolum

🌍 Europa y Asia

Para poner sus huevos, prefiere los lagos con muchas plantas acuáticas. Tiene unas características manchas amarillas en sus alas.

CABALLITO PATIBLANCO

Lestes parvidens

🌍 Centro y este de Europa y Oriente Próximo

Vive entre los matorrales y árboles cercanos a ríos o lagos. A diferencia de otras especies, pone sus huevos en la corteza de las ramas.

LIBÉLULA FLECHA ROJA

Sympetrum striolatum

🌍 Europa, Asia y norte de África

Los machos son de color rojo, pero las hembras y los ejemplares jóvenes tienen tonalidades amarillas o marrones.

ALAS

LIBÉLULA VIENTRE APLANADO
Libellula depressa
🌍 Europa y Asia

Es una gran libélula. ¡Mide 7 cm de envergadura! Los machos son de color azul intenso y las hembras son amarillas.

LIBÉLULA EMPERADOR
Anax imperator
🌍 Europa, Asia y África

¡Puede crecer hasta los 8 cm de largo y 12 cm de envergadura! Gracias a su tamaño consigue cazar grandes presas.

CABALLITO DEL DIABLO VERDE
Calopteryx splendens
🌍 Europa, Asia y norte de África

Vive en ríos con mucha vegetación. Para encontrar pareja, los machos muestran sus alas a las hembras y ¡se lucen bailando!

LIBÉLULA DE CUATRO PUNTOS
Libellula quadrimaculata
🌍 Europa, Asia, norte de África y Norteamérica

Sus larvas pueden vivir durante dos años. Se alimentan de larvas de mosquitos y de ¡renacuajos!

LIBÉLULA ÁMBAR
Perithemis tenera
🌍 Centroamérica y Norteamérica

No mide más de 2,5 cm. Cuando se posa, imita los movimientos de una avispa ¡para engañar a los depredadores!

CABALLITO DEL DIABLO
Coenagrion hastulatum
🌍 Europa y Asia

Tiene un característico vestido de rayas azules y negras. Es un insecto de pequeño tamaño que no mide más de 3 cm de longitud.

VOLANDO POR
¡QUÉ MOLESTOS!

Las moscas son insectos muy ágiles que pueden escapar de sus depredadores gracias a sus grandes ojos y sus rápidas alas. En cambio, los mosquitos prefieren volar por la noche, para que sus víctimas no les detecten.

TÍPULA
Tipula oleracea

🌐 Norteamérica, Europa, Asia y África del Norte

Sus larvas comen plantas, pero de adultos solo pueden beber líquidos como néctar.

MOSCA ZÁNGANO
Eristalis tenax

🌐 Europa y Norteamérica

Imita los colores de una abeja para engañar a los depredadores. ¡Pero no tiene aguijón!

MOSCARDA VERDE
Lucilia caesar

🌐 Europa hasta Siberia

¡Tiene un llamativo color verde brillante! Sus larvas se alimentan de carroña.

MOSCA DEL ESTABLO
Stomoxys calcitrans

🌐 Todo el mundo

Su boca está adaptada para morder y así hacer pequeñas heridas a los animales. ¡Se alimenta de su sangre!

TÁBANO GRIS
Haematopota pluvialis

🌐 Europa, norte de África y Asia

Las hembras tienen grandes ojos con rayas negras y de colores. Gracias a ellos, encuentra animales para alimentarse de su sangre.

¿CUÁL VIVE COMO LARVA EN EL AGUA?

MOSCA DEL VINAGRE
Drosophila melanogaster

🌐 Todo el mundo

¡Es una mosca minúscula! No mide más de 2 mm de longitud. Se alimenta de fruta muy madura y le encanta la papilla de plátano.

MOSCA AZUL

Calliphora vicina

🌐 Todo el mundo

Puede reconocerse por su cuerpo de color azul brillante. Pone sus huevos en animales muertos para que las larvas se alimenten de la carroña.

MOSCA SERPIENTE

Agulla sp.

🌐 Norteamérica

A pesar de su nombre, no es realmente una mosca. Tiene un largo cuello y unas potentes mandíbulas que usa para cazar insectos.

MOSCA DOMÉSTICA

Musca domestica

🌐 Todo el mundo

Una sola hembra puede poner hasta ¡8 000 huevos! Sus larvas se alimentan de comida en descomposición, carroña o heces.

TÁBANO BOVINO

Tabanus bovinus

🌐 Europa, norte de África y Asia

Al igual que otros tábanos, solo las hembras se alimentan de sangre para conseguir nutrientes para sus huevos.

MOSCA GRIS DE LA CARNE

Sarcophaga carnaria

🌐 Europa

Las larvas comen lombrices de tierra. Pero de adultos se alimentan de ¡carroña y heces!

MOSQUITO COMÚN O TROMPETERO

Culex pipiens

🌐 Todo el mundo

La hembra se alimenta de sangre y así obtiene energía suficiente para poner 1 000 huevos en el agua.

MOSCA DE LOS CIERVOS

Lipoptena cervi

🌐 Europa y Asia

Es un insecto parásito de los ciervos. Cuando encuentra a uno pierde sus alas y escarba en su piel. ¡Se alimenta de su sangre!

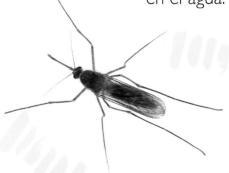

P E Q U E Ñ O S
¡INMÓVILES!

Las mantis son insectos carnívoros que para cazar se camuflan entre las hojas, las ramas e ¡incluso las flores! Tienen unas patas especiales que usan como pinzas para atrapar a sus presas.

MANTIS GIGANTE ASIÁTICA
Hierodula membranacea

🌍 **Asia**

Es un gran insecto que llega a medir hasta 9 cm de longitud. Puede ser de color verde o marrón para camuflarse entre la vegetación.

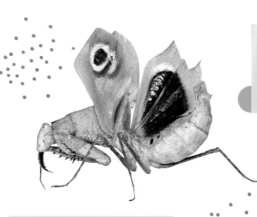

MANTIS HOJA SECA
Deroplatys lobata

🌍 **Sudeste de Asia**

Su camuflaje imita a las hojas caídas, por eso vive entre la hojarasca del suelo o los arbustos.

MANTIS JADE
Hierodula salomonis

🌍 **Islas Salomón**

Es una especie grande y muy llamativa por su color turquesa casi brillante. Solo vive en unas pocas islas.

MANTIS HOJA MUERTA
Acanthops falcataria

🌍 **Sudamérica**

¡Tiene la forma y el color de una hoja seca! El disfraz de la hembra es tan perfecto que sus alas no le sirven para volar.

MANTIS GIGANTE DE ESCUDO
Rhombodera basalis

🌍 **Sudeste de Asia**

Recibe su nombre por la parte superior de su cuerpo, que parece un escudo. ¡Gracias a él puede camuflarse entre las hojas de los árboles!

DEPREDADORES

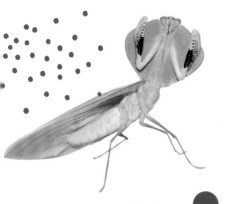

MANTIS FLOR ESPINOSA
Pseudocreobotra wahlbergii

🌍 Sur y este de África

Es una pequeña mantis que no mide más de 3 cm. Gracias a su forma y colores se oculta entre las flores.

MANTIS CONGO VERDE
Sphodromantis aurea

🌍 África (Ghana y Liberia)

Es una mantis de gran tamaño y de color verde intenso. En sus pinzas tiene manchas negras y lunares blancos.

MANTIS COBRA
Choeradodis rhombicollis

🌍 Norteamérica y Sudamérica

Vive en la selva entre las copas de los árboles. Tiene un cuerpo aplanado y verde para parecerse a una hoja.

MANTIS ORQUÍDEA
Hymenopus coronatus

🌍 Sudeste de Asia

Su cuerpo puede ser de color blanco, rosa y amarillo para parecerse a la flor que lleva su nombre. Ataca a los mosquitos que visitan a las orquídeas.

¿CUÁL DE ELLAS IMITA MEJOR A UNA FLOR?

MANTIS VIOLÍN
Gongylus gongylodes

🌍 India y sudeste de Asia

Puede crecer hasta los 11 cm de longitud. Su cuerpo y patas son muy alargados y delgados para camuflarse entre las ramas.

MANTIS FILIPINA DE FLOR
Creobroter meleagris

🌍 Filipinas

Se viste de colores verdes, blancos y marrones para camuflarse y hacerse pasar por flores entre la vegetación.

SALTARINES

SALTAMONTES VERDE COMÚN

Tettigonia viridissima

🌍 Europa, Asia y norte de África

Es una gran especie de saltamontes con largas antenas. ¡Es carnívoro! Se alimenta de larvas de otros insectos.

Los saltamontes, langostas y grillos forman un grupo de insectos conocido como ortópteros. ¡Gracias a sus potentes patas pueden huir de cualquier depredador!

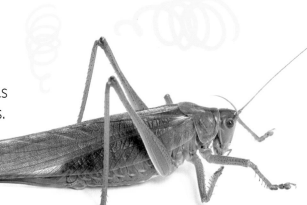

SALTAMONTES DE OREJAS DEL ESTE

Romalea microptera

🌍 Este de Estados Unidos

Crece hasta los 8 cm de longitud. Cuando es molestado, ¡segrega un líquido de olor desagradable y mal sabor!

¿CUÁL TIENE UNA DIETA MÁS VARIADA?

GRAN SALTAMONTES DEL PANTANO

Stethophyma grossum

🌍 Europa

Vive en praderas o en pantanos donde hay mucha humedad. Puede reconocerse por las manchas rojas que presenta en las patas, cuerpo y cabeza.

CHAPULÍN GORDINFLÓN

Brachystola magna

🌍 Centro y sur de Estados Unidos y norte de México

Es un gran saltamontes que, al igual que otras especies, se alimenta de hojas. Pone los huevos bajo tierra para que estén protegidos durante el invierno.

¡BOING, BOING!

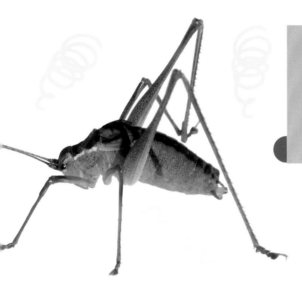

SALTAMONTES DEL MATORRAL
Leptophyes punctatissima

 Asia

Gracias a su color verde vive escondido entre la vegetación. A diferencia de otros saltamontes, no tiene alas.

CHAPULÍN DIFERENCIAL
Melanoplus differentialis

 Norteamérica

Es un gran devorador de plantas al que le encantan las verduras como las lechugas. Se reúne en grandes enjambres que ¡pueden acabar con una cosecha en unos días!

SALTAMONTES DE ALAS ROJAS
Oedipoda germanica

🌍 **Europa y Oriente Próximo**

Su cuerpo tiene colores grises, marrones o negros para poder camuflarse entre la tierra y la hierba seca. Cuando vuela muestra unas alas rojas y negras para confundir al depredador.

CHAPULÍN DEL DESIERTO
Taeniopoda eques

🌍 **Suroeste de Estados Unidos y norte de México**

Sus colores negro y amarillo advierten de su mal sabor. Se alimenta tanto de plantas como de carne.

SALTAMONTES LONGICORNIO
Tettigoniidae sp.

 Todo el mundo

Cantan durante la noche para comunicarse entre ellos. Por el día, se esconden en la vegetación para no ser vistos gracias a su color verde.

CRI, CRI

GRILLO TOPO

Grillotalpa grillotalpa

🌐 Europa y norte de África

Gracias a sus potentes patas delanteras excava galerías en el suelo donde vive. Se alimenta tanto de plantas como de pequeños animales.

Los ortópteros se comunican entre sí al producir sonido frotando sus alas o sus patas. Para escuchar las canciones, los grillos tienen ¡oídos en sus patas más grandes! Mientras que los saltamontes los tienen en el abdomen.

LANGOSTA MIGRATORIA

Locusta migratoria

🌐 Europa, África, Asia y Australia

Se junta en grandes grupos que viajan en busca de plantas para comer. Los enjambres más grandes pueden tener ¡80 millones de ejemplares!

WETA DEL ÁRBOL DE AUCKLAND

Hemideina thoracica

🌐 Nueva Zelanda

Es una especie arbórea que vive entre los huecos de las ramas de los árboles. Por la noche sale de su escondite a comer hojas.

¿CUÁL PREFIERE VIVIR EN LAS ALTURAS?

GRILLO DOMÉSTICO

Acheta domesticus

🌐 Mundial

Es una especie nocturna. Su canto no es producido por las patas, sino que tiene unas estructuras especiales en las alas que al frotarlas producen el sonido.

LANGOSTA GREGARIA

Schistocerca agregaria

🌍 África, Asia y Oriente Medio

Es un insecto gregario que puede crear enjambres formados por 80 millones de individuos. ¡Es una temible plaga para muchos países!

GRILLO DE JERUSALÉN

Stenopelmatus fuscus

🌍 Oeste de Estados Unidos y México

A pesar de su nombre, no son auténticos grillos. Para comunicarse, golpean su abdomen contra el suelo ¡como si fuera un tambor!

GRILLO DE CAMPO

Gryllus campestris

🌍 Europa

Para reproducirse, el macho construye una madriguera y canta en la entrada para atraer a las hembras.

LANGOSTA GIGANTE

Tropidacris collaris

🌍 Sudamérica

Es uno de los saltamontes más grandes del mundo. ¡Puede medir 12 cm de longitud!

GRILLO DE DOS MANCHAS

Gryllus bimaculatus

🌍 Europa, Asia y norte de África

Los machos son muy territoriales. Cuando luchan entre sí, se agarran de las mandíbulas y empujan con las patas.

GRILLO DE INVERNADERO

Diestrammena asynamora

🌍 Asia

Le gusta vivir en sitios cálidos y húmedos ¡como las cuevas o minas! Se alimenta de insectos muertos y materia en descomposición.

¿DÓND

Los insectos palo y hoja son unos increíbles animales capaces de camuflarse entre la vegetación. Las hembras de algunas especies pueden producir huevos sin aparearse. ¡Sus crías son clones!

INSECTO PALO
Necroscia annulipes
🌍 Asia

Gracias a su color verde, puede camuflarse entre las ramas jóvenes de árboles y arbustos. Tiene unas llamativas alas rosas.

INSECTO PALO DE VIETNAM
Medauroidea extradentata
🌍 Vietnam

Es un gran insecto que llega a medir hasta ¡12 cm de longitud! Es de color marrón y no tiene alas.

INSECTO PALO DEL PERÚ
Oreophoetes peruana
🌍 Perú y Ecuador

Los machos son de color rojo con las patas negras, mientras que las hembras son negras con rayas de color amarillo o naranja.

¿CUÁL NO USA SUS ALAS PARA VOLAR?

INSECTO PALO MALAYO
Heteropteryx dilatata
🌍 Malasia

Tiene el récord de ser el insecto que pone los huevos más grandes. Cada uno mide unos 1,3 cm de longitud.

INSECTO PALO DE FILIPINAS
Pharnacia ponderosa
🌍 Filipinas

Es un insecto palo enorme que puede medir más de 20 cm de largo. Si pierde alguna de sus patas ¡le vuelve a crecer otra!

CAMUFLAJE
¿ESTÁN?

INSECTO PALO NEGRO
Peruphasma schultei

🌎 **Norte de Perú**

Su cuerpo es completamente negro, salvo los ojos que son de color amarillo. Sus alas son muuuy pequeñas y rojas, como su boca.

INSECTO HOJA
Phyllium sp.

🌎 **India y sudeste de Asia**

Su cuerpo y sus patas son aplanados para camuflarse entre las hojas. ¡Incluso imitan los nervios que tienen!

INSECTO HOJA ESPINOSO
Extatosoma tiaratum

🌎 **Australia**

Las hembras tienen grandes espinas que usan para camuflarse y defenderse. Los machos no tienen espinas, pero a cambio ¡tienen grandes alas para volar!

INSECTO HOJA DE LINNAEUS
Phyllium siccifolium

🌎 **Asia**

¡Es la mayor especie de insecto hoja que existe! Las hembras llegan a medir 10 cm de largo.

INSECTO PALO DE LABORATORIO
Carausius morosus

🌎 **India**

Puede ser de color verde o marrón. Cuando está entre la vegetación, se balancea para imitar ser una rama que mueve el viento.

DE ALAS M

¡ACORAZADOS!

Los escarabajos son un grupo de insectos conocidos como coleópteros. Tienen dos alas duras que usan como coraza y otras dos alas más que les sirven para volar. Pueden alimentars de plantas, madera, carne o incluso de ¡excrementos!

ESCARABAJO GOLIAT

Goliathus orientalis

🌐 República Democrática del Congo y Tanzania

Es un gran insecto. ¡Puede medir 10 cm de longitud! Los machos tienen cuernos en forma de «Y», que usan para luchar entre ellos.

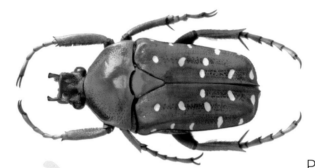

ESCARABAJO DE LAS FLORES

Stephanorrhina julia

🌐 Camerún

Puede reconocerse por sus colores verdes y rojos brillantes. ¡Está cubierto de lunares blancos!

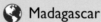

ESCARABAJO JOYA MALGACHE

Polybothris sumptuos

🌐 Madagascar

Puede ser de color verde, azul y negro. ¡Tiene un espectacular brillo metálico!

¿CUÁL SE PARECE A UN GRAN MAMÍFERO?

ESCARABAJO PELOTERO

Copris lunaris

🌐 Europa y Asia

Es famoso por hacer bolas de excrementos, que transporta a su madriguera y usa para alimentar a sus crías.

CIERVO VOLANTE

Lucanus cervus

🌐 Europa

¡Los machos tienen unas mandíbulas enormes! Las usan para luchar entre ellos en la época de apareamiento.

UUUUY DURAS

ESCARABAJO HÉRCULES
Dynastes hercules

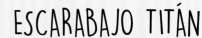 América Central y del Sur

Es el escarabajo más largo del mundo. Solo los machos tienen grandes cuernos que usan para luchar. En total pueden medir ¡17 cm de longitud!

ESCARABAJO TITÁN
Titanus giganteus

🌎 Sudamérica

Es uno de los escarabajos más grandes del mundo. ¡Puede alcanzar más de 16 cm de longitud! Tiene fuertes mandíbulas para defenderse.

BARRENADOR METÁLICO GIGANTE
Euchroma gigantea

🌎 América Central y del Sur

Al igual que muchos escarabajos, sus larvas se alimentan de madera. Para atraer a las hembras, chasquean sus alas.

ESCARABAJO RINOCERONTE
Oryctes nasicornis

🌎 Europa, Asia Central y norte de África

¡Los machos tienen un cuerno parecido al de un rinoceronte! Es el escarabajo más grande de Europa.

VAQUITA DE SAN ANTONIO/MARIQUITA
Coccinella septempunctata

🌎 Europa

Es un famoso escarabajo depredador reconocible por sus siete lunares negros.

ESCARABAJO ROJO
Torynorrhina flammea

 Asia

Tiene una gran variedad de colores, que van desde el azul metálico, hasta el verde esmeralda y el rojo escarlata.

ESCARABAJO DE LAS ABEJAS
Trichodes alvearius

 Europa y norte de África

Su nombre se debe a que cuando son larvas viven en las colmenas. ¡Se comen a las larvas de las abejas!

Las cucarachas son un grupo de insectos que se alimentan de la materia en descomposición. Por otro lado, las chinches tienen bocas especiales que les permiten chupar la savia de las plantas. ¡Sorpréndete con ellas!

CUCARACHA GIGANTE DE MADAGASCAR

Gromphadorhina portentosa

 Madagascar

Es una de las cucarachas más grandes del mundo. ¡Puede crecer hasta los 7 cm de longitud! No tiene alas.

CHINCHE ROJA

Pyrrhocoris apterus

 Europa y Asia

Tiene una característica coloración roja y negra que usa para advertir de su mal sabor. Puede reconocerse por sus dos lunares negros.

CHINCHE DEL BOSQUE

Pentatoma rufipes

 Europa

Tiene una boca en forma de aguja, que usa para alimentarse de los líquidos de las plantas.

CHINCHE HEDIONDA VERDE

Palomena prasina

 Europa

Es de color verde para camuflarse entre la vegetación. Si es molestada, ¡segrega un líquido de olor muy desagradable!

CUCARACHA DE LA CALAVERA

Blaberus craniifer

🌍 México, Belice, Cuba, República Dominicana y Florida (Estados Unidos)

¡Es una cucaracha enorme! Mide hasta 8 cm de largo. En la parte superior de su cuerpo, parece que tiene dibujada una calavera.

CUCARACHA RINOCERONTE

Macropanesthia rhinoceros

 Australia

¡Es la cucaracha más pesada del mundo! Puede llegar a pesar 35 g y medir 80 mm de largo.

REPUGNANTES

CUCARACHA ARGENTINA

Blaptica dubia

🌐 América Central y del Sur

Su cuerpo es de color negro. Solo los machos tienen alas para volar. Le gusta comer un poco de todo, desde verdura hasta carne.

CHINCHE DE CAMPO

Lygaeus equestris

🌐 Europa, norte de África y Asia

Sus colores rojos y negros sirven para advertir a los depredadores de que es tóxica. Tiene un característico lunar blanco.

CUCARACHA AMERICANA

Periplaneta americana

🌐 Todo el mundo

Es capaz de comer casi cualquier cosa. Es un insecto muy rápido, ¡puede correr a más de 5 km/h!

CHINCHE RAYADA

Graphosoma lineatum

🌐 Europa

Le gusta vivir en los prados. Su llamativo vestido de rayas rojas y negras disuade a cualquier depredador de comérsela. ¡No es una buena comida!

¿CUÁL SE ALIMENTA DE ANIMALES VIVOS?

PIOJO DEL CERDO

Haematopinus suis

🌐 Todo el mundo

Se alimenta de la sangre de los cerdos. Gracias a sus garras, puede sujetarse a su pelaje y andar por su piel.

CHINCHE DEL CUERO

Coreus marginatus

🌐 Europa, Asia y norte de África

Es de color marrón para camuflarse entre las plantas de las que se alimenta. Le gustan las frambuesas y las grosellas.

TEJEDORA

¡INCREÍBLES!

Las arañas son animales artrópodos del grupo de los arácnidos. Gracias a su fantástica seda pueden construir sus madrigueras o ¡una gran trampa para insectos! Con sus colmillos inyectan veneno para matar a las presas.

ARAÑA TIGRE

Argiope bruennichi

🌍 Europa, Asia y norte de África

Construye su red en espiral entre la hierba alta. Así puede atrapar a los insectos que vuelan entre los pastos.

ARAÑA VERDE COMÚN

Araniella cucurbitina

🌍 Europa, Asia y norte de África

Es una pequeña araña que no mide más de 8 mm de longitud. Hace su red entre las hojas y las flores de las plantas.

ARAÑA SALTADORA

Arasia sp.

🌍 Australia

Al igual que otras arañas saltadoras, caza acechando a sus presas gracias a su agilidad para saltar y su buena visión.

ARAÑA DE AGUA

Argyroneta aquatica

🌍 Europa y Asia

Puede bucear en el agua gracias a una burbuja que crea alrededor de su abdomen. ¡Se alimenta de peces pequeños!

ESPALDA ROJA

Latrodectus hasselti

🌍 Australia

La hembra puede crecer hasta 1 cm de largo. ¡Es una araña muy venenosa!

VIUDA NEGRA

Latrodectus mactans

🌍 Estados unidos

En la parte inferior de su abdomen tiene una marca roja que parece un reloj de arena. Es una señal de que es una especie venenosa. Se alimenta de insectos y otras arañas.

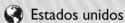

DE SEDA

TARÁNTULA TIGRE

Cyclosternum fasciatum

🌎 Centroamérica

Es una tarántula de mediano tamaño. No mide más de 12 cm de largo. Tiene un característico abdomen negro y naranja.

TARÁNTULA GIGANTE DE COLOMBIA

Megaphobema robustum

🌎 Colombia y Brasil

Es una gran araña que puede crecer ¡hasta los 20 cm de longitud! Se alimenta de insectos, reptiles y ratones.

¿A CUÁL LE GUSTA VIVIR EN LOS RÍOS?

TARÁNTULA AZUL DE PARAGUANÁ

Chromatopelma cyaneopubescens

🌎 Centroamérica

Sus patas y parte del cuerpo son de un ¡llamativo color azul metálico!

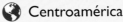

TARÁNTULA MEXICANA DE RODILLAS ROJAS

Brachypelma smithi

🌎 México

Al igual que otras tarántulas, puede usar los pelos de sus patas para detectar las vibraciones de sus presas.

TARÁNTULA DE COLA ROJA

Brachypelma vagans

🌎 Centroamérica

Construye madrigueras en el suelo para ocultarse. En el abdomen tiene pelos urticantes que usa para defenderse de los depredadores.

TARÁNTULA RODILLAS DE FUEGO

Brachypelma auratum

🌎 México

En su abdomen tiene pelos urticantes para defenderse. Si un depredador la ataca, ¡se frota el cuerpo con las patas para crear una nube de pelos!

UNA COLA ¡AYYY!

Los escorpiones pertenecen al grupo de los arácnidos. ¡Son familiares de las arañas! Tienen fuertes pinzas con las que atrapan a sus presas y una cola para inyectar un potente veneno. ¡Son peligrosos!

ESCORPIÓN AMARILLO

Leiurus quinquestriatus

🌍 **Norte de África y Oriente Medio**

Le gusta vivir en zonas desérticas o entre arbustos secos. ¡Es uno de los escorpiones más venenosos!

ESCORPIÓN NEGRO EUROPEO

Euscorpius flavicandis

🌍 **Noroeste de África y Sur de Europa**

Se alimenta de pequeños insectos. Para cazar, espera escondido y muy quieto a que pase una presa y ¡lanza un rápido ataque!

ESCORPIÓN SUDAFRICANO DE COLA GRUESA

Parabuthus transvaalicus

🌍 **Sur de África**

Como muchos otros escorpiones, es un animal nocturno. Durante el día, duerme escondido bajo las rocas.

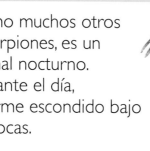

ESCORPIÓN MARRÓN MENOR

Isometrus maculatus

🌍 **Todas las zonas tropicales**

Gracias a sus colores marrones y oscuros, puede pasar desapercibido entre la tierra y las rocas. Al igual que otros escorpiones, usa sus pinzas para atrapar las presas.

ESCORPIÓN EMPERADOR

Pandinus imperator

🌍 **África ecuatorial**

Es un gran escorpión que puede medir ¡21 cm de longitud y pesar 30 g! Gracias a sus enormes pinzas se alimenta de insectos, ratones y lagartijas.

VENENOSA

ALACRÁN AZUL
Centruroides gracillis

🌍 América, parte de África (Camerún y Gabón) y España (islas Canarias)

Su cuerpo es de color marrón oscuro, lo que le permite esconderse entre las rocas o la corteza de los árboles.

ESCORPIÓN LADRADOR
Lychas scutilus

🌍 Sudeste asiático

Es un escorpión pequeño, que no mide más de 8 cm de longitud. Como hacen otras especies, cuando nacen sus crías ¡las lleva en la espalda!

ESCORPIÓN DE PATAS AMARILLAS
Opistopthalmus glabrifons

🌍 África

Gracias a sus pinzas excava profundas madrigueras que solo abandona para reproducirse.

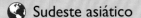

ESCORPIÓN GIGANTE DEL DESIERTO
Hadrurus arizonensis

🌍 México y Estados Unidos

Puede crecer hasta 14 cm de largo. Gracias a su tamaño se alimenta de lagartos, serpientes y ¡otros escorpiones!

¿CUÁL TIENE LAS PINZAS MÁS GRANDES?

ESCORPIÓN NEGRO COMÚN
Nebo hierichonticus

🌍 Oriente Medio y Egipto

Para evitar el calor del desierto, se oculta entre las rocas y solo sale por la noche a cazar.

ESCORPIÓN RAYADO
Centruroides vittatus

🌍 México y Estados Unidos

Puede reconocerse por la línea clara que recorre su cuerpo. Cuando es joven prefiere vivir subido a las plantas para que no se lo coman.

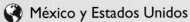

DESCUBRE E

PÁGINA 6
LA SERPIENTE DE CASCABEL

Cuando se siente amenazada, mueve su cola para producir un sonido de cascabel.

PÁGINA 9
LA ANACONDA COMÚN

Es un depredador paciente que puede acechar a sus presas en la orilla de los ríos y lagos.

PÁGINA 10
LA SERPIENTE MARINA

Su dieta incluye peces, calamares y cangrejos. Solo sale del agua para descansar mientras digiere una presa.

PÁGINA 13
EL ALIGÁTOR AMERICAI

Pasa mucho tiempo fuera del agua, sobre todo en las noche cálidas cuando caza en tierra. ¡Puede correr a 30 km/h!

PÁGINA 15
EL GECKO

Sus patas tienen unas almohadillas especiales que le sirven para caminar por ¡paredes, techos y ventanas!

PÁGINA 17
EL VARANO ACUÁTICO

Es un reptil semiacuático y ur excelente nadador. Prefiere v en zonas con abundante agua donde capturar a sus presas.

PÁGINA 19
EL CAMALEÓN HOJA PIGMEO

Por su color, se oculta entre las hojas caídas, la hierba seca y los matorrales.

PÁGINA 20
EL DRAGÓN DE KOMODO

Tiene una saliva mortífera, pero no es venenosa. ¡Con solo morderla, la presa muere por la infección!

PÁGINA 23
LA TORTUGA ACUÁTICA AMERICANA

Vive en ríos y lagos que tengan muchas plantas. Así puede ocultarse de sus depredadores.

PÁGINA 25
LA TORTUGA GIGANTE DE ALDABRA

Es la segunda tortuga más grande del mundo por su tamaño y su peso: ¡puede llegar a pesar 250 kg!

ANIMAL SECRETO

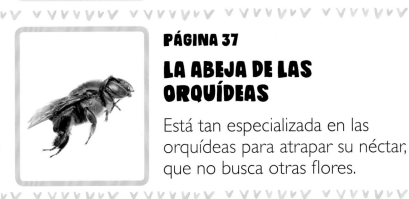

Colaboración en textos: Ángel Luis León Panal
Diseño y maquetación: Lucía Sanz Martínez
Ilustración y fotos: Archivo LIBSA, Shutterstock images

ISBN: 978-84-662-3976-9

© 2020, Editorial LIBSA, S.A.
C/ San Rafael, 4 bis, local 18
28108 Alcobendas (Madrid)
Tel.: (34) 91 657 25 80
e-mail: libsa@libsa.es
www.libsa.es